AF359616

THÈSES

DE DROIT FRANÇAIS

ET

DE DROIT ROMAIN,

QUI SERONT SOUTENUES, DANS LA SALLE DES COURS DE LA FACULTÉ DE DROIT DE PARIS, LE MARDI 11 MAI 1819, A 9 HEURES DU MATIN;

PAR J.-B.-H. BLONDEAU,

DOCTEUR EN DROIT, JUGE-SUPPLÉANT AU TRIBUNAL DE PREMIÈRE INSTANCE, ET PROFESSEUR-SUPPLÉANT A LA FACULTÉ DE DROIT;

CANDIDAT POUR LA CHAIRE DE DROIT ROMAIN VACANTE PAR LA MORT DE M. BERTHELOT;

SUR LA MATIÈRE

DE LA VENTE.

IMPRIMERIE DE BAUDOUIN FRÈRES,
RUE DE VAUGIRARD, N. 36.

1819.

JUGES DU CONCOURS.

Messieurs.

Avoyne de Chantereine, Docteur en droit, Premier Président de la Cour royale d'Amiens, Officier de l'Ordre royal de la Légion-d'Honneur, et Membre de la Chambre des Députés ; — nommé Président du Concours, à la place de M. Chabot (e l'Allier), décédé depuis le commencement des épreuves.

Arnold, Docteur en Droit et ès-Lettres, Professeur de la Faculté de Droit de Strasbourg.

Dupin, Docteur en Droit, et Avocat à la Cour royale de Paris.

Delvincourt, Chevalier de la Légion-d'Honneur, Professeur et Doyen de la Faculté de Droit de Paris.

Morand,

Cotelle,

Pardessus,

Boulage,
} Professeurs de la Faculté de Droit de Paris.

Secrétaire-général de la faculté, remplissant les fonctions de greffier.

Monsieur Reboul.

Nota. — Cette édition *in-8°* étant destinée à faire partie du Recueil intitulé *Essais sur différens points de Législation et de Jurisprudence* (Recueil qui sera publié vers le 15 du mois prochain), on ne trouvera point ici l'*Essai sur les Contrats nommés*, dont nous parlons page *iv* ci-après, et que nous avions extrait de ce même Recueil, pour le distribuer, conjointement avec nos thèses, à Messieurs les Juges du Concours et à nos concurrens.

AVANT-PROPOS.

LE *Contrat de Vente* est, de toutes les Conventions, celle dont l'usage est le plus fréquent ; et, par une conséquence naturelle, il n'est peut-être pas de matière du Droit privé, dont les jurisconsultes se soient occupés davantage, et dont il soit plus souvent question dans les tribunaux.

Vouloir dire à cet égard quelque chose de neuf, ce serait vraiment, à mon avis, tenter l'impossible ; d'ailleurs, l'Article 10 de l'Arrêté du 21 décembre 1818, nous avertit que ce n'est point un Traité que nous devons faire, mais seulement une courte Dissertation sur les principes qui régissent, tant en droit romain qu'en droit français, la matière que le sort nous a donnée pour sujet de Thèse.

Mais le titre *de la Vente*, dans notre Code civil, se compose de 120 Articles ; et dans les Recueils de Justinien, le *Contrat de Vente* est l'objet d'une trentaine de titres, qui renferment au moins cinq ou six cents lois dont quelques-unes ont jusqu'à vingt paragraphes (1).

Comment une matière aussi vaste peut-elle être réduite aux étroites dimensions que nous prescrivent, d'une part, les réglemens du Concours, et de l'autre, la nécessité d'étudier, d'écrire, de faire imprimer et de distribuer nos Thèses, dans l'espace de dix jours ?

---

(1) Et combien n'y a-t-il pas encore de dispositions relatives à la *Vente* dans les titres qui paraissent exclusivement consacrés à d'autres matières !

J'avoue que ce problème m'a d'abord embarrassé, et que j'ai perdu à y réfléchir quelques heures dont j'avais cependant grand besoin pour approfondir ma matière.

J'apercevais bien, dans une nouvelle manière de considérer les *Contrats nommés*, les moyens d'obtenir le résultat désiré ; mais un travail fait d'après une méthode qui n'est pas encore généralement admise, court nécessairement le risque de n'être ni bien compris ni bien jugé.

Il fallait donc, ou trouver une autre méthode, ou commencer par exposer cette théorie nouvelle des *Contrats nommés*.

Ce dernier parti m'a semblé préférable, quoiqu'il ne soit pas sans inconvéniens. Je vais donc placer ici, en forme d'introduction, un *Essai sur les Contrats nommés* qui fera connaître les idées qui m'ont servi de point de départ, et qui donnera en quelque sorte la clef de mon travail (1).

Dans un Concours précédent, où j'avais pour sujet de Thèse les *Contrats* de *Prêt*, de *Dépôt* et de *Nantissement*, j'ai déjà exposé ma doctrine sur les *Contrats nommés ;* c'est cette même doctrine que je reproduis aujourd'hui, mais amendée par suite de l'expérience que j'ai acquise depuis lors, et surtout depuis quatre années, dans l'exercice des fonctions de juge.

---

(1) Cet Essai fait partie du Recueil que je viens de faire imprimer sous le titre d'*Essais de Législation et de Jurisprudence* et dont la publication a été suspendue par mes travaux du Concours.

THÈSES

SUR LE CONTRAT DE VENTE.

D'APRÈS LES DISPOSITIONS

DU DROIT ROMAIN ET DU DROIT FRANÇAIS.

OBSERVATIONS PRÉLIMINAIRES.

En conséquence des réflexions que j'ai présentées dans mon *Essai sur les Contrats nommés*, il me semble que, dans l'état actuel de la législation, voici l'ordre qu'on doit suivre dans l'explication des lois qui composent les Titres particulièrement consacrés à quelque *Contrat nommé* (1).

ARTICLE Ier. On indiquera d'abord le point-de-vue sous lequel le législateur a considéré le Contrat dont il s'agit, la définition qu'il en a donnée, les dispositions qui déterminent ce qui est de son *essence*, et la classe à laquelle il appartient. — V. les N. III, VI, VIII de mon *Essai*.

ART. II. On examinera ensuite si la *convention* qui a pour but l'établissement de ce Contrat, est assujettie à quelque forme particulière, si elle a besoin d'être complétée par quelqu'autre événement, si elle est régie par quelque disposition spéciale relativement à la preuve. — V. le N. I *cod.*

ART. III. On indiquera les dispositions *exceptionnelles* dont

---

(1) Je n'entends parler que de ceux qui résultent de la *Convention*

ce Contrat peut être l'objet, soit sous le rapport des *personnes* qui voudraient l'établir, soit sous celui des *choses* ou des *services* qui peuvent en être la matière , soit sous celui des *modalités* dont les obligations qu'il contient peuvent être susceptibles (1). — V. le N. IX *cod.*

ART. IV. On expliquera les dispositions qui ont pour objet le cas où les parties ne se sont entendues qu'en apparence , et l'on parlera en même temps du cas où la *convention* serait entachée de *dol* ou de *violence.* —V. le N. VII *eod.*

ART. V. On exposera ensuite les dispositions interprétatives , qui déterminent les effets directs de la *convention,* je veux dire les droits et les obligations qui en dérivent immédiatement ; soit que ces dispositions appartiennent à *l'essence* même du Contrat, soit qu'elles n'appartiennent qu'à sa *nature.* On indiquera en même temps les règles particulières d'interprétation que le législateur peut avoir établies pour le Contrat dont il s'agit. — V. les N. III, IX *cod.*

ART. VI. On examinera comment il faut appliquer au Contrat en question, les manières *générales* de perdre les droits ou d'éteindre les obligations. On considèrera ce qui peut arriver à l'égard du Contrat, lorsque l'une des parties vient à mourir et surtout lorsqu'elle est représentée par deux ou plusieurs héritiers ; on s'occupera également du cas de *faillite* ou *déconfiture.* — Enfin , on considèrera quel doit être . dans la position où le contrat a placé certains individus , l'effet de quelques événemens extraordinaires que les parties ne peuvent avoir prévus au moment où elles ont contracté ; et l'on expliquera en même temps les manières *spéciales* d'éteindre ou de modifier les droits, que le législateur

---

(1) Ce n'est point ici, mais dans l'Article premier, qu'il faut indiquer les *personnes,* les *choses* et les *modalités* qui sont exclues d'un Contrat en vertu de sa définition même. Il ne s'agit ici que de ce qui aurait pu se faire , si le législateur ne l'avait expressément défendu.

peut avoir créées pour le Contrat dont il s'agit. — V. les N. II, IX *cod.*

Art. VII. On examinera en général le cas de violation du Contrat de la part de l'une ou de l'autre des parties contractantes ; et l'on traitera, s'il y a lieu, des *Actions* particulières que le droit romain avait introduites pour l'exécution de ce Contrat. — V. les N. I, V, IX *cod.*

Art. VIII. On traitera des effets du Contrat vis-à-vis des Tiers, et notamment de ses rapports avec les deux *manières d'acquérir et de perdre la propriété* qu'on appelle *Tradition* et *Prescription* ou *Usucapion.* — V. le N. IX *cod.*

Art. IX. Enfin, on examinera les *choses* qui peuvent être *accidentelles* au Contrat dont il s'agit et les modifications qu'elles entraînent aux différentes règles qui sont l'objet des Articles précédens. — V. le N. III *cod.*

Dans un Appendice, on pourra donner une idée des Contrats qui se rapprochent le plus de celui dont on aura tracé les règles, et l'on fera connaître, s'il y a lieu, certains Contrats *innommés* qu'on a quelquefois confondus ou tenté de confondre avec lui.

Pour satisfaire au vœu du réglement qui exige que nous indiquions dans nos *Thèses,* non-seulement les principes généraux de la matière dans les deux droits, mais encore les questions les plus importantes sur l'interprétation et l'application des lois tant romaines que françaises ; et pour réduire cependant autant que possible l'étendue de notre travail, nous n'expliquerons d'abord dans chaque Article, que les principes du droit romain, et nous nous contenterons d'indiquer ensuite en quels points le droit français s'écarte de ces principes ; nous traiterons en même temps les principales questions de la matière. — En conséquence, chacun de nos Articles se divisera en deux Sections.

ARTICLE PREMIER.

Principes du Droit romain.

I. EMPTIO-VENDITIO est contractus, juris gentium et ideò consensualis, synallagmaticus et bonæ fidei, quo alter alteri *rem aliquam pro domino habere licere* præstare tenetur ; alter vero *pretium dare* vicissìm obligatur.

(a) *Habere licere*, hoc est : 1° vacuam transferre possessionem , 2° facere quominùs emptori res evincatur, 3° præstare vitia per quæ non liceret emptori rem habere.
L. 11, § 2, *de Act. empt.* Non obstat ; *L.* 31, § 1, *eod.*

(b) *Pro domino* ; ergo si tantùm *ususfructus* in obligationem deducatur, non est *venditio stricte dicta* ; nec si *hæreditas*, aut *nomen*, vendatur.
L. 80, § 3, *de Cont. empt.* ; Non obstat. *L.* 8, § 2, *de Per. et com. rei vend.*

(c) *Rem aliquam* ; aliquantulùm a sincerâ venditione abesse videtur, si *res futura*, et (à fortiori) si *spes rei* tantum in obligatione veniat.

(d) *Pretium* ; intellige *pecuniam numeratam* , cujus summa certa sit ab initio, vel saltem certa fieri debeat aliter quam *nudo arbitrio* contrahentium, et præterea quæ rei astimatio videri possit.

(e) *Dare*, hoc est : rem accipientis facere
L. 11, § 2 *in fine*, *de Act. empti.*

II. EMPTIO-VENDITIO potius quam PERMUTATIO videtur, si pro re aliquâ, partim res alia, partim pecunia, detur, nisi res evidenter prævaleat.

DEUXIÈME SECTION.

Conférence avec le Droit français, et Questions.

I. Il faut d'abord supprimer de la définition du droit romain, les mots *bonæ fidei ;* parce que la distinction des contrats de D. S. et des contrats de B. F. n'existe pas chez nous, au moins dans le sens qu'elle présentait en droit romain.

Il faut ensuite substituer aux mots REM HABERE LICERE *præstare tenetur*, ceux-ci : *il est obligé de transférer la propriété ;* car il résulte, de l'article 1599 (en réduisant la disposition de cet art. au seul sens raisonnable qu'elle puisse offrir) et des mots *s'il a juste sujet de craindre d'être troublé* que l'on trouve dans l'art. 1653, que, suivant nos législateurs, l'intention des parties qui ont employé le mot *Vente*, était que la propriété fût véritablement transférée par le vendeur à l'acheteur ; de sorte que, si ce dernier découvre que la chose appartient à un tiers, il peut soutenir que le vendeur n'a pas rempli son obligation et se dispenser en conséquence d'exécuter la sienne, ou du moins exiger une caution.

II. Y a-t-il *Vente*, dans le cas où les parties sont convenues que l'une d'elles donnera à l'autre, pour prix de la chose que celle-ci lui vend , une somme de *cent* et en outre l'excédant du prix qu'elle pourra obtenir en revendant elle-même la chose ?

La *L. 7, §2, de Cont. empt.* résout affirmativement cette question, et sa disposition nous paraît bien fondée : lorsque l'on dit que le prix doit être *certain*, cela signifie qu'il ne doit pas dépendre de l'acheteur de le réduire, ou du vendeur de l'augmenter, conformément au seul *dictamen* de leur intérêt personnel ; mais dans l'espèce, l'acheteur, qui revend la chose, n'a aucun intérêt à ne pas en demander la véritable valeur ; la qualité du prix ne peut donc être considérée comme dépendant de lui : et c'est réellement le deuxième acheteur qui la fixe définitivement. Néanmoins, il est évident que, dans ce cas, comme dans celui où la fixation du prix est remise à l'arbitrage d'un tiers, si la *revente à vil prix* cachait une *donation*, ou était l'œuvre du *dol*, le premier vendeur lésé pourrait agir en réparation du dommage qu'il en éprouverait.

ARTICLE SECOND.

PREMIÈRE SECTION.

Principes du Droit romain.

I. Emptio-venditio et inter absentes contrahi potest et per nuntium et per litteras.

L. 1, § 2, *de Cont. empt.* ; *Inst. pp. de Oblig. ex cons.*

II. Nec dari quidquam necesse est ut substantiam capiat obligatio ; licet, enim, sine pretio nulla sit venditio, non tamen pretii numeratio, sed nuda conventio contractum perficit.

Inst. eod. ; et *L.* 2, § 1, *de Cont. empt.* ; Obst. vid. *L.* 19, *de Cont. empt.*

III. Emptio-venditio quocumque modo probari potest. *L.* 15, *C. de Fide Inst.* ; Non obstat, *L.* 17, *eod.*

IV. Alia est causa degustandi, alia metiendi ; gustus enim ad hoc proficit ut improbare liceat, mensura tantùm ut appareat quantum ematur.

L. 34, § 5, *de Cont. empt.* ; *L.* 35, § 5, *eod.* ; *L.* 4, § 1, *de Per. et com. rei vend.*

V. Arrha sæpè datur in argumentum emptionis contractæ, sed etiam quandòque in indicium emptionis inchoatæ

ac ulterius, in scriptis aut alitèr secundum contrahentium voluntatem, perficiendæ.

*L. 35, pp. de Cont. empt. : Inst. pp. de Empt
vend. : L. 17, C. de Fide instr.*

DEUXIÈME SECTION.

Conférence avec le Droit français, et Questions.

I. La *Vente* est soumise chez nous, comme elle l'était
dans le dernier état du droit romain, aux règles générales
relatives à la preuve des conventions. Mais ces règles ne sont
pas les mêmes dans les deux droits. Nous allons exposer le
système du droit français :

S'il s'agit de *meubles*, et qu'ils ayent été livrés, le possesseur en sera cru sur sa déclaration tant à l'égard de la Vente,
que relativement à la quotité du prix et à son paiement. Arg.
de l'art. 1924, et de l'art. 2279 *pp.*, *cui obstare videtur*
art. 2074 *junct.* art. 2076.

La preuve testimoniale ne sera point admise contre cette
déclaration, à moins qu'il ne s'agisse d'une valeur moindre de
150 fr., ou qu'il n'y ait un commencement de preuve par écrit,
ou que l'écrit qui servait de preuve n'ait été perdu par suite
d'un cas fortuit, imprévu et résultant de force majeure.
Arg. des art. 1923, et 1341, 1347, 1348, n°. 4.

S'il s'agit d'*immeubles*, ou de meubles qui n'ont pas été
livrés, l'une des parties ne peut, en cas de dénégation de la
part de l'autre, invoquer la preuve par témoins pour établir
qu'il y a eu *Vente*, que lorsque la valeur de la chose (en
supposant que ce soit l'acheteur qui demande) ou bien le
prix convenu (en supposant qu'il s'agisse du vendeur) n'excè-
dent pas 150 fr. — Sans préjudice du *serment*, et des dispositions relatives soit au commencement de preuve par écrit
soit à la perte du titre.

II. Le législateur n'exige aucuns termes sacramentels pour
constituer la *Vente*, le juge peut donc déduire l'intention de

former ce Contrat, de toute espèce de circonstances, et quelles que soient les expressions dont les parties se sont servies.

III. Y a-t-il lieu de décider en règle générale, que les particuliers entre lesquels il est intervenu *promesse de vendre telle chose pour tel prix*, ont entendu constituer dès à présent le *contrat de Vente* proprement dit?

L'art. 1589 résout cette question affirmativement. — Mais peut-être trouvons-nous déjà dans cet art., une de ces dispositions *interprétatives* qui viennent contrarier la logique du juge, et qui enchaînent sa conscience en même temps qu'elles imposent aux particuliers, comme résultat de leur volonté, des obligations qu'ils n'ont pas eu l'intention de contracter et qui ne sont justifiées par aucune espèce d'utilité.

D'abord, s'il n'y a que *promesse de vendre*, sans une *promesse réciproque d'acheter*, comment peut-on apercevoir le *contrat de Vente*? Prétendra-t-on qu'il est impossible qu'il y ait *promesse de vendre* sans *promesse d'acheter*, et que celle-ci doit être sous-entendue?

Mais, y eût-il même *promesse réciproque*, n'y a-t-il pas lieu de croire qu'en se servant des mots : *je promets de vendre, je promets d'acheter*, les parties ont entendu que le contrat ne deviendrait parfait qu'au moment où l'une des parties ferait à l'autre sommation de réaliser la *promesse?*

La question est importante sous le rapport de l'intérêt des Tiers, et sous celui de la Perte ou Détérioration de la chose; nous y reviendrons peut-être dans l'Art. VI ou dans l'art. IX.

Je pense qu'il faut au moins décider qu'il n'y a pas *Vente* lorsqu'après les mots *je promets de vendre* ou *je promets d'acheter*, on trouve la fixation d'une époque. — Autrefois on décidait qu'il n'y avait pas *Vente* lorsque les parties s'étaient réservées d'en passer *acte. (Inst. pp. de Emp. vend.*); N'aperçoit-on pas quelqu'analogie entre ce cas et celui dont nous venons de nous occuper ?

IV. Dans le cas où il y a eu des *arrhes* données, doit-on

(9)

croire que les parties ont voulu faire un *Contrat de Vente* proprement dit?

Le Code civil, après avoir confondu dans l'art. 1589 la *promesse de vendre* avec la *Vente* même, semble cependant établir, dans l'article suivant, une différence, par rapport à la question proposée, entre le cas où les parties ont déclaré *vendre* et *acheter*, et celui où elles ont simplement *promis d'acheter* ou *de vendre*.

Dans ce dernier cas, la convention soumettrait seulement celle des parties qui ne voudrait pas réaliser la *promesse* : à perdre les *arrhes*, si c'est elle qui les a données ; à en restituer le double, si c'est elle qui les a reçues.

V. Peut-on voir l'intention de s'engager réciproquement à l'instant même de la convention, en un mot de faire une *Vente* proprement dite, dans le cas où la chose qu'on déclare *vendre* et *acheter* est du nombre de celles qu'on est dans l'usage de goûter avant d'en faire l'achat?

Le Code déclare qu'il n'y a pas *Vente*. —La question de savoir quel peut être l'effet de la convention intervenue dans ce cas, appartient à notre dernier article.

VI. Si l'acheteur déclare n'*acheter* qu'à *l'essai*, peut-on dire qu'il y ait *Vente proprement dite*?

Si l'on suppose que, dans l'intention des parties, l'acheteur aura le droit de rendre la chose sans justifier qu'elle n'a pas les qualités propres à l'usage auquel il la destinait, il me semble que ce cas est le même que celui de l'article précédent (sauf cependant les obligations qu'impose à l'acheteur la détention de la chose d'autrui).

Mais, s'il ne lui est permis de rendre la chose, qu'en prouvant qu'elle n'a pas les qualités qu'il pouvait s'attendre à rencontrer en elle, je pense qu'il y a *Vente* ; ce ne sera, à la vérité, qu'une *Vente conditionnelle*, à laquelle devront s'appliquer les observations générales que nous placerons dans notre dernier Article; c'est là que nous examinerons pourquoi le législateur a considéré dans ce cas, la condition comme *suspensive* et non comme *résolutoire*.

ARTICLE TROISIÈME.

PREMIÈRE SECTION.

Principes du Droit romain.

I. Tutor rem pupilli emere nequit ; idemque porrigitur ad curatores, procuratores et qui aliena negotia gerunt.

L. 34, § 7, de Cont. empt. ; Cui non obstat. *L. 5, § 5. de Auct. et cons. tut., et L. 5, C. de Cont. empt.*

Vide prætereà *L. 5, §. 3, de Auct. et cons. tut.*

II. Nobilioribus et patrimonio ditioribus mercimonium exercere non licet.

L. 3, C. de Comm. et mercat.

III. Res alienæ vendi quidem possunt, non autem res sacræ, aut religiosæ nisi cum loco profano cui cohærent, neque res sanctæ, neque tandèm res publicæ.

L. 28, de Cont. empt.; L. 6, L. 34, §. 2, L. 62, § 1, eod. ; L. 22, L. 24, eod. ; § ult. Inst. h. t.

IV. Nec vendi possunt venena mala, libri improbatæ lectionis, purpura, res furtivæ nisi ab utràque parte aut saltem ab emptore vitium ignoretur.

L. 35, § 2, de Cont. empt. ; L. 4, § 1, Fam. ersc. ; L. 34, § 3, de Cont. empt.; L. 1, C. Quæ res ven. non pos.

V. Nequidem, sub conditione *quum servus erit, liberi hominis* emptio admittenda est.

L. 34, § 2, de Cont. empt.

VI. Quarumdam rerum, venditio sub certà conditione,

vel exportatio ad exteros , prohibetur; verbi gratià, serici, frumenti publici canonis vel quod ad exercitum mittitur, armorum , vini et olei.

L. 2 , *C. Quæ res ven. non pos. ; L. ult. , C. eod. ; L. unic. , C. Ut arm. us. insc. princ. ; Nov. LXXXV. cap.* 1 *; L.* 1 *, L.* 2 *, C. Quæ res exp. non deb.*

DEUXIÈME SECTION.

Conférence avec le Droit français , et Questions.

I. (*a*) **Notre Code** n'interdit pas expressément au tuteur l'achat des choses de son pupille par le moyen de la *Vente* proprement dite : l'article 1596 ne parle que de l'*Adjudication ;* mais comme les biens des mineurs ne peuvent être vendus par leurs défenseurs qu'en justice , et que la Vente faite par le mineur lui-même serait sujette à rescision ou à nullité , en vertu des art. 1124, 1305, 1306, 1307 : il n'y avait véritablement lieu à statuer , que sur les Ventes faites en justice (nous ne reconnaissons pour telles que celles où toutes les formalités requises ont été observées) qui , d'après l'art. 1314, ont le même effet que si elles avaient été faites par un majeur.

Notre Code paraît ici plus rigoureux que le droit romain, en ce que ce dernier permettait au tuteur de se rendre adjudicataire, pourvu qu'il le fît de bonne foi, *L.* 5, *Cod. de Cont. empt.* — Mais aussi le droit romain accordait au mineur la restitution en entier contre l'aliénation de ses immeubles , quoique les formalités requises eussent été observées ; *L.* 11, *C. de Præd. et aliis reb. min.* ; la restitution n'étant pas même nécessaire dans le cas contraire ; *L.* 2, *eod.*

(*b*) **Il est évident que l'article** 1596 **s'applique également , et aux tuteurs des mineurs , et à ceux des interdits.**

II. **Mais le curateur du mineur émancipé,** le *conseil* nommé en vertu de l'article 499, peuvent-ils *acheter* ou *acquérir par adjudication* les biens des personnes qu'ils sont chargés d'assister dans certains actes de la vie civile?

Malgré l'argument que semble fournir en faveur de l'affirmative l'article 1123, l'opinion contraire me paraît préférable.

III. Le Contrat de *Vente* ne peut avoir lieu entre époux ; mais il en est autrement de la simple *Dation en paiement* V. art. 1595.

Cette prohibition n'existait pas en droit romain : on se contentait de réprouver les donations qui avaient été déguisées sous les termes de *Vente*. V. *L*. 7 , § 6, *ff. de Don. int. vir et ux.*, et *L.* 31 , § 4 , *cod.*

IV. Chez nous, ni la naissance ni la fortune n'empêchent de se livrer au commerce.

V. En argumentant *à contrario* de l'article 1598, on peut dire que la *Vente* ne peut pas avoir pour objet les choses qui sont hors du commerce ; l'article 1128 établit d'ailleurs en principe général que les choses qui sont dans le commerce peuvent seules être l'objet des conventions. Mais cela ne ressemble-t-il pas un peu à ce que les philosophes appellent une *pétition de principes ?* — Qu'entend-on par *choses qui sont dans le commerce ?* C'est ce que le législateur aurait dû nous dire.

VI. Dans ce même article 1598, le législateur se contente de faire présumer que, même parmi les choses qui sont dans le commerce, il en est quelques-unes dont la *Vente* est interdite par des lois particulières.—Pourquoi ces lois ne font-elles pas partie du Code civil ?

Le législateur a peut-être pensé aux lois de *douanes*, qui sont trop variables pour que les prohibitions qu'elles établissent soient comprises dans un Code destiné à l'enseignement et dont il importe que les articles ne varient pas plus, sous le rapport de leur nombre et leur arrangement, que sous celui des dispositions qu'ils contiennent.

Ou bien , il a eu en vue les lois qui concernent certaines

professions particulières, telles que celle de *Pharmacien*, ou celle de *Libraire*, etc.

VII. Suivant l'art. 1554, les immeubles constitués en dot ne peuvent, en général, être aliénés, pendant le mariage, ni par le mari, ni par la femme, ni par les deux époux conjointement.

Ce principe général est conforme au dernier état du droit romain. V. *Inst. pp.*, *Quib. alien. licet.*

Mais les exceptions ne sont pas tout-à-fait les mêmes dans les deux droits.

VIII. Ajouterons-nous, en prenant l'article 1599 à la lettre, que l'on ne peut pas vendre la chose d'autrui?

Mais vingt articles du Code nous prouvent évidemment le contraire ; voyez notamment les articles 1610, 1617, et tout le § relatif à la *garantie en cas d'éviction*, ainsi que les articles 2265, 2266, 2268, 2269 et 2180, septième alinéa, *in fine*.

Quel serait, d'ailleurs, le motif qui donnerait lieu à une semblable défense? et si elle existait, ne pourrait-on pas toujours l'éluder, en contractant dans les termes de l'art. 1120

Il paraît donc que l'art. 1599 signifie seulement que si la chose vendue n'appartient pas au vendeur, l'acheteur n'en acquerra pas la propriété, soit par la convention même, soit par la transcription ou la tradition qui auraient lieu à la suite de la convention.

Il faut cependant convenir que la rédaction de cet article est fort extraordinaire. Nous aurons occasion d'y revenir. Voyez notamment ce que nous en dirons dans notre Article suivant, deuxième Section, n° II.

ARTICLE QUATRIÈME.

Principes du Droit romain.

I. Sive in ipsà venditione, sive in pretio, sive in quo alio dissentiant, emptio-venditio imperfecta est.
L. 9, de Cont. empt.

II. Non tamen omnis error, omnis dissensus, venditionem nullam efficit.
L. 10, de Cont. empt. ; L. 9, § 1, eod.

III. Varias autem proponunt J. R. distinctiones, scilicet :

(*a*) Alii tantùm distinguunt an in ipso rei *corpore,* an in solâ *substantiâ* aut *materiâ* erratum sit.
L. 9, § 2, usque ad verba EGO IN VINO, *de Cont. empt.*

(*b*) Alii errorem in *substantiâ* aut *materiâ,* cum errore *in corpore* confundunt, *dictâ L. 9, § 2, versic.* EGO IN VINO, *et L. 11, de Cont. empt.;* sed distinguere volunt *corpus,* et *substantiam* aut *materiam,* à rei *qualitate, L. 21, § 2, de Act. empt.* (*ubi potiùs rejicienda quàm admittenda negatio post verbum* EMPTIONEM); et *L. 10, de Cont. empt.*

Et quidem si vinum acuerit, acetum, quamvis mutato nomine, pro eâdem *substantiâ* sumunt, *qualitate* tantùm mutatâ ; aliter autem si ab initio acetum fuit, ut embamma, *dict. L. 9, § 2 :* — si erratum sit in sexu mancipii, erratum in *substantiâ* putant ; sed in *qualitate* tantùm, si emptor virginem emere volens, ancillam jam factam mulierem comparavit, *L. 11, § 1, de Cont. empt.;* — tandem non nisi in *qualitate* erratum esse dicunt, si quis mensas quasi citreas emit quæ non sunt, *L.* 21, § 1, *de Act. empt.*

IV. Præterea distinguunt an in totam rem, an tantùm in aliquam rei partem, error inciderit;

Si quidem in partem, videndum putant.:

(*a*) An illud in quo erratum, sit res principalis, an tantùm accessio quo casu parvi referre dicunt quanti sit accessio. *L.* 34, *de Cont. empt* ;

(*b*) An pars de quà erratum est eâ cooperta sit materiâ de quâ convenerunt, *L.* 41, § 1, *h. t.* ; an verò cum eâ commixta, *L.* 14, *eod.*, (*ubi* INAURATUM *accipiendum est non quod simpliciter coopertum est auro, sed quod aliquid auro immixtum vel infusum habet*).

V. Si metu emptio-venditio contrahatur, ipso jure nulla est, à quocumque vis illata sit.
L. 3, *de Rescind. vend.*, *L.* 3, *C. de His quæ vi metúsve.*

VI. Si pars rei venditæ, ante venditionem in rerum naturâ esse desierit, multùm interest quanta pars permaneat: nam si amplior pars rei perempta sit, non cogitur emptor venditioni stare.
L. 57, *L.* 58, *de Cont. empt.*

VII. Prisco jure, si quis, distracto fundo, de modo mentitus erat, in duplo ejus quod mentitus est, officio judicis æstimatione factà, conveniri poterat.
Paul Sent., *Liv.* 2, *tit.* 17, § 4.

VIII. Si quis rem alienam sciens ignoranti quasi suam

vendidit, *ex empto* agi potest quanti interest emptoris
rem suam esse.

Arg. *L.* 30, § 1, *de Act. empt.*

DEUXIÈME SECTION.

Conférence avec le Droit français, et Questions.

I. Nous ne trouvons pas, en droit français, un aussi
grand nombre de règles qu'en droit romain, sur l'*erreur* dans
laquelle les parties peuvent tomber à l'occasion du contrat
de Vente ; je ne vois guère, sur cette matière, que les articles
1599, 1601, 1618, 1619 et 1620 ; mais il faut rapprocher ces
art. de la règle générale contenue dans l'art. 1110, et cette
règle générale est, à elle seule, aussi difficile à expliquer, que
les textes nombreux du droit romain.

Je voudrais que cet art. fût commenté par un métaphysi-
cien ; il nous expliquerait peut-être : comment une erreur
peut tomber sur la *substance* d'une chose ; ce qui distingue la
substance, de la *qualité* ; s'il y a plusieurs sortes de *substances*,
et comment on peut prendre l'une pour l'autre ?

Quant à moi, sans me livrer à ces recherches et sans m'in-
quiéter des distinctions métaphysiques des jurisconsultes romains, je crois qu'on peut établir sur cette matière quelques
règles assez simples, en s'attachant :

1° A ce principe général qui domine sur toute la matière
des Contrats : *Le Juge tâchera toujours de déterminer les
effets de la convention, d'après la commune intention des
parties contractantes.*

2°. A la théorie des pertes, théorie dont le législateur
n'a point fait à la vérité un corps de doctrine, mais que l'on
découvre dans la combinaison et le rapprochement d'un grand
nombre d'articles où il a fait l'application de ses principes,
sur cette matière, à différentes classes d'événemens.

Je commencerais par examiner en conséquence :

Si l'erreur est telle qu'on puisse croire que les parties n'au-aient pas contracté, si elles avaient connu la vérité,

Ou bien s'il y a lieu de penser au contraire que dans tous les cas les parties auraient contracté, mais, peut-être, sous des conditions plus ou moins différentes.

Dans le deuxième cas, le Contrat ne doit jamais être déclaré nul, quelle qu'ait été la nature de l'erreur ; mais il faudra quelquefois le modifier.

Dans le premier cas, il faudra au contraire le considérer comme étant toujours nul, en tant qu'il est le produit de la convention ; mais il faudra quelquefois lui conserver tout ou partie de ses effets ou bien lui en donner d'autres, en le considérant : soit comme le produit d'un Délit ou d'un Quasi-délit qui ne doit, ni profiter au délinquant, ni porter préjudice à l'autre partie ; soit comme le résultat d'un simple accident qui ayant amené une perte ou produit des attentes contradictoires, donne lieu à l'application de certaines règles législatives qui constituent ce que j'ai appelé la *théorie des pertes.*

Cela posé, j'examinerais en second lieu, si l'une des parties est coupable de *dol*, et l'autre non ; ou bien, en supposant qu'aucune d'elles n'ait rien à reprocher à l'autre sous ce rapport, j'examinerais si l'une a fait ce que la prudence ordinaire exigeait et ce qu'aurait fait tout homme médiocrement éclairé, tandis que l'autre a agi étourdiment ou d'après une ignorance peu commune (remarquez que l'âge, et quelques autres circonstances semblables, déterminent quelquefois le législateur à soustraire certains individus à l'effet des dispositions qui atteindraient d'autres personnes : ce sont des cas d'exceptions qui doivent être expressément déterminés par la loi) ; enfin, les choses étant encore égales sous ce rapport, j'examinerais quelle est la position actuelle des parties, afin de donner la préférence à celle qui ne tend qu'au maintien des attentes formées.

Il est facile de poser les règles qui découlent de ces distinctions et des principes ci-dessus invoqués ; mais le temps ne me permet pas d'insister davantage sur cette partie intéressante de ma Thèse.

II. (*a*) Dans notre droit, ne pourrait-on pas dire, en argumentant de l'article 1599 (et en donnant à cet article une explication assez conforme à son sens littéral), que la Vente est *nulle* comme entachée d'*erreur* ou de *dol*, toutes les fois que le vendeur n'est pas propriétaire de la chose vendue, parce que :

1° L'acheteur, contractant avec l'intention de devenir propriétaire, doit être présumé avoir agi dans la croyance que la chose appartenait à celui avec qui il a contracté : sans cela, il aurait cherché le véritable propriétaire ;

2° Si le vendeur, qui doit connaître sa propre condition, ne dit rien pour faire cesser cette croyance assez naturelle de l'acheteur, il est censé la confirmer, et cela le constitue *coupable de dol*, dans le cas où la vérité est contraire à la croyance dont il s'agit.

Mais, si le législateur avait admis cette présomption, il n'aurait pas dû considérer la *garantie en cas d'éviction* comme une obligation résultant du Contrat de Vente, ni traiter de l'*éviction* dans le titre consacré à ce Contrat ; il aurait dû décider simplement que le Contrat était nul, et renvoyer au titre général *des Conventions*, ou plutôt à celui des *Engagemens qui naissent des Quasi-contrats, des Délits ou Quasi-délits*, l'explication des effets que peut produire, soit un paiement fait en vertu d'un Contrat nul pour cause de *violence* ou de *dol*, soit le Contrat lui-même, en le considérant moins comme Contrat, que comme Délit ou Quasi-délit, ou du moins comme Quasi-contrat.

Je pense donc que, dans notre droit, le vendeur n'est point censé affirmer positivement qu'il est propriétaire de la chose; et, si l'on admet que l'acheteur peut avoir cette croyance, on ne doit pas cependant supposer que son consentement soit absolument déterminé par elle : on ne peut pas dire qu'il ait entendu acheter uniquement dans l'hypothèse où la propriété appartiendrait au vendeur; mais au contraire, on peut présumer qu'il a consenti à courir la chance de l'*éviction*, en se flattant néanmoins qu'elle n'aurait pas lieu et sauf son action en garantie (1).

Il faut donc, comme en droit romain, pour que la Vente soit nulle, que l'acheteur ait expliqué clairement qu'il n'entendait acheter que dans le cas où le vendeur serait propriétaire.

(*b*) Que faudrait-il décider, si l'acheteur n'avait pas énoncé formellement son intention, mais que le vendeur eût cependant connu sa croyance que nous supposons être ensuite démontrée fausse ?

Il me semble que la Vente serait également nulle, quand même le vendeur aurait été de bonne foi.

(*c*) Mais, il en serait autrement si le vendeur n'avait connu ni l'intention ni même la croyance de l'acheteur.

Quoiqu'il n'y ait pas, à proprement parler, dans ce cas, *concours de volonté*, c'est-à-dire *convention* ; le Contrat doit valoir, comme résultat d'une espèce de cas fortuit ; l'attente d'une des deux parties devant être nécessairement trompée, il convient que cette espèce de Perte tombe plutôt sur l'acheteur (qui aurait dû expliquer l'hypothèse extraordinaire dans laquelle il agissait) que sur le vendeur qui a traité d'après ce qui se passe ordinairement ; Or, le seul moyen de ne pas faire supporter la Perte au vendeur, c'est de maintenir le Contrat.

---

(1) Il ne faut donc pas non plus, supposer que les parties savaient positivement que la chose n'appartenait pas au vendeur; ce cas-là est un *accident* du Contrat, comme celui où l'acheteur n'a entendu acheter que dans la supposition que la chose appartenait positivement au vendeur; les décisions du Code ne sont faites ni pour l'une ni pour l'autre de ces deux hypothèses; c'est ce que nous expliquerons avec plus de détail lorsque nous traiterons de *la Perte de la chose vendue*.

(*d*) *Quid* si le vendeur savait positivement que la chose ne lui appartenait pas, et qu'il n'ait pas averti l'acheteur?

Pas de doute qu'il ne faille considérer le Contrat comme nul. Mais la preuve de cette science certaine du vendeur est bien difficile à faire.

(*e*) On parlera, dans l'Art. IX, de la convention par laquelle les deux parties achètent et vendent sciemment la chose d'un Tiers.

(*f*) L'importance de toutes ces questions se manifeste principalement dans le cas où la chose vendue vient à périr ; nous reviendrons peut-être sur quelques-unes d'entre elles, dans notre Art. VI ci-après.

III. (*a*) L'art. 1111 du C. C. établit en règle générale que la *violence* est une cause de nullité des conventions. Je crois que cet article doit s'entendre conformément à ce qui est dit du *dol*, dans l'art. 1116 ; c'est-à-dire, que la nullité existe lorsque, sans le fait de la *violence* ou du *dol*, il est évident que le Contrat n'aurait pas eu lieu.

(*b*) S'il est prouvé que le Contrat aurait eu lieu, mais sous des conditions différentes, faudra-t-il seulement le modifier, ou bien donnera-t-on à la partie *violentée*, le droit de faire annuler le Contrat en entier?

En s'attachant aux seuls principes des *Conventions*, le Contrat devrait être seulement modifié ; mais il peut y avoir quelques autres motifs qui déterminent le législateur à accorder le choix à celle des deux parties que l'autre a tenté de rendre victime de sa mauvaise foi.

(*c*) En comparant l'art. 1111 à l'art. 1116, on remarque cette importante différence entre les effets du *dol* et ceux de la *violence*, savoir : que celle-ci donne lieu à la nullité de la convention, alors même qu'elle n'est pas le fait de l'individu envers qui l'obligation a été contractée.

Le motif de cette différence, c'est que le *dol* inspire bien moins d'alarme à la société que la *violence* ; chacun se flatte de pouvoir aisément se soustraire à des manœuvres frauduleuses : on croit pouvoir facilement éviter d'être dupe d'un fripon ; mais nul ne se croit à l'abri de la *violence*, et si le législateur ne réparait pas, par tous les moyens possibles, le mal que la *violence* a causé, il resterait à chaque citoyen des inquiétudes plus ou moins grandes. — L'individu qui a été victime de la violence paraît d'ailleurs mériter plus d'intérêt que celui qui en a profité ; alors même que rien n'annonce la complicité de celui-ci, on est porté à la soupçonner.

ARTICLE CINQUIÈME.

PREMIERE SECTION.

Principes du Droit romain.

I. Imprimis sciendum est, in judicio empti-venditi, illud demùm deduci quod præstari convenit ; cùm emptio-venditio sit contractus bonæ fidei . nihil autem magis bonæ fidei congruat quàm id præstari quod inter contrahentes actum est.

L. 11, § 1, *de Act. empt.* ; Cui obstare videntur *L.* 39, *de Pact.*, et *L.* 21, *de Cont. empt.*

II. In dubio, ea præstanda sunt quæ naturaliter insunt hujus judicii potestate.

Dictd L. 11, § 1, *in fine.*

§ I

Obligations du Vendeur.

III. (*a*) Ea quæ perpetui usûs sunt in ædificiis, pars ædificii esse videntur.

L. 17, § 7, *de Act. empt.*

(*b*) Ædium autem non sunt, quæ magis ad eas ins-
truendas quam ad earum integritatem pertinent, et magis
propter patrem-familias quàm propter ædes habentur.

L. 17, § 4, *de Act. empt.; L.* 245, *de Verb. sign.*

(*c*) Fructus pendentes pars fundi videntur.

L. 44, *de Rei vend.; L.* 13, *C. de Act. empt.*

(*d*) Ruta-cæsa neque ædium, neque fundi sunt; sed
ea quæ ex ædificio detracta sunt ut reponantur, ædificii
esse videntur.

L. 66, § 2, *de Cont. empt.; L.* 17, § 18, *pp. de
Act. empt.*

(*e*) Omne commodum post venditionem, ad **emptorem**
pertinet, V. G. alluvio.

L. 7, *de Per. et com. rei vend.* ; *explicanda L.* 67,
de Cont. empt.

IV. Si venditor copiam rei tradendæ habeat, non sufficit eum offerre emptori id quod interest.

L. 11, § 2, *de Act. empt.; L.* 2, § 1, *de Reb. cred.;
L.* 20, *ad L. Corn. de fals.* ; *L.* 6, *C. de Resc. vend.;*
Quib. opp. *L.* 1, *pp.*, *L.* 11, § 9, *L.* 12, *de Act.
empt.; L.* 4, *C. eod.; L.* 10, *Quib. mod. pig. sol.*

V. Qui vendidit necesse non habet fundum emptoris
facere.

L. 25, § 1, *de Cont. empt.; L.* 188, *de Verb. sign.*

VI. Res vendita eo loco præstari debet, si species vendita sit, ubi erat venditionis tempore; sin verò genus, ibi
præstandum ubi venditor domicilium habet.

Arg. *L.* 12, § 1, *Depos.* ; *L.* 47, *de Leg.* 1°; Non
obstat *L.* 47, § 1, *de Leg.* 1°.

VII. (*a*) Venditor, eo momento quo pretium offertur, rem tradere debet.

L. 13, §. 8, *de Act. emp.*

(*b*) Sed si tempus ad solutionem emptori concesserit, fidem ejus secutus venditor, tùm præsenti die rem præstare debet, nisi aliter convenerit.

Arg. *Paul Sent., Lib.* 2, *tit.* 17, § 7.

VIII. Si in emptione modus dictus est, modum pronunciatum præstari oportet.

L. 6, *de Act. empt.*

Voyez, quant aux développemens et aux restrictions dont ce principe est susceptible, la deuxième Section ci-après, N. IV, V et VI.

IX. Datio possessionis quæ à venditore fieri debet, talis est, ut si quis eam possessionem jure avocet, tradita possessio non intelligatur.

L. 3, *pp., de Act. empt.*; et *L.* 21, *C. de Evict.*

X. (*a*) Non tantùm rem principalem habere licere præstat venditor, sed etiam omnia rei accessoria.

L. 23, § 1, *de Usuc.*; et *L.* 47, *de Evict.*

XI. Pro evictione cavere jubetur venditor ex consuetudine regionis in quà gestum est negotium.

L. 6, *de Evict.*; *L.* 31, § 20, *de Ædil. edict.*: *L.* 14, *C. de Act. empt.*

XII. Illud autem promittere videtur, rem, jure et ex causà tempore contractûs existente, emptori non auferri; non autem, ex novà causà aut per violentiam alterius.

L. 17, *C. de Act. empt.*

XIII. (*a*) Qui mancipia vendunt, certiores facere debent quid morbi vitiive cuique sit.

L. 1, § 1, *de Ædil. edict.*.

(*b*) Si morbus sit talis qui omnibus potuisset apparere, ejus nomine venditor non tenetur.

(*c*) Generaliter venditor emptori indicare debet quæcumque circa rem cognoscit quæ interest emptoris non ignorare.

Arg. *L.* 1, § 1, *de Act. empt.*; *L.* 21, § 1; *L.* 66, § 1, *de Cont. empt.*

XIV. Rem servare tenetur venditor, usque ad traditionis momentum.

L. 36, *de Act. empt.*; Cui obst. vid. *Inst. de Emp.-vend.*, § 3; Vide *L.* 35, § 4, *de Cont. empt.*

§ II.

Obligations de l'Acheteur.

I. Eo tempore et loco, emptor pretium solvere debet quo res ei, vel traditur vel offertur, vel debuisset tradi.

Arg. *L.* 25, *de Act. empt.*

II. (*a*) Sed, quamvis traditio facta fuerit, pretium solvere non tenetur, si in eâ causâ sit res vendita, ut redhiberi debeat.

L. 59, *de Ædil. edict.*

(*b*) Nec solvere cogitur, dominii quæstione motâ, nisi ejus evictionis fidejussores idonei à venditore offerantur.

L. 18, § 1, *de Per. et com. rei vend.*

(*c*) Multò magis, postquam res evicta fuerit aut redhibita, venditor pretium petere non potest.

L. 5, § 4, *de Dol. et met. excep.*

(*d*) Etsi emptori liceat rem habere , sed non ex causa emptionis, venditor pretium consequi non debet.

L. 29 , *de Evict.*

III. (*a*) Non tantùm pretium solvere , ità ut nummos venditoris faciat, tenetur emptor ; sed insuper, usuras post diem traditionis , scilicet cùm fructus rei percipere potuerit ;

L. 13, § 20 , *de Act. empt.* ; *L.* 5, *C. eod.*

(*b*) Ita quidem, quamvis precaria sit possessio ;
Dictâ L. 13 , § 21.

(*c*) Et, pro eo etiam tempore , quo nullus extabat cui pretium solvi posset ; nisi pretium in causâ depositi fuerit.

L. 18, § 1 , *de Usur.* ; Vide *L.* 2 , *C. eod.*

IV. In quibusdam autem casibus, scilicet quandò pretium debet emptor quamvis res ei tradita non sit , vel quandò fructus non percepit ; usuræ tantùm ex morâ debentur (quod pertinet ad Art. VII) ; nec aliter quidem quàm si absit culpa venditoris ; nisi tamen usuras omnimodò præstari pactus sit (vide Art. IX).

L. 13, *C. de Act. empt.* ; *L.* 4, *C. de Pact. int. empt. et vend.*

V. (*a*) Debet etiam emptor sumptus , post venditionem bonâ fide factos, restituere , etiam si res perierit.

L. 13, § 22 , *de Act. empt.* ; *L.* 16 , *C. eod.*

(*b*) Cibaria autem mancipio vendito præstita ante moram emptoris, non repetit , cùm servus interim ei serviat

L. 38, § 1 , *de Act. empt.*

VI. Si rei venditæ partem tantùm, tradidit vel obtulit

venditor , non tenetur emptor integrum solvere pretium , nec partem quidem pretii , quibusdam exceptis casibus.

L. 5 , §. 4 , de Act. empt.

VII. Si contrà , plus tradit vel offert, quàm declara-verat , solum nihilominùs de quo conventum est pretium emptor debebit.

L. 38 , de Act. empt. ; L. 45 , de Evict.

DEUXIÈME SECTION.

Conférence avec le Droit français , et Questions.

I. Nous devons examiner d'abord l'article 1602. — Cet ar-ticle est-il une dérogation à la règle qui veut que dans le doute , on décide en faveur de l'obligé ? Quel pourrait être le motif de cette dérogation ?

Je crois que cet article signifie simplement que lorsqu'après avoir déclaré qu'il vendait une chose , le vendeur veut se ré-server quelque partie de cette chose ou quelque droit sur elle , il est nécessaire qu'il s'explique clairement ; car, la première clause ayant donné à l'acheteur (sauf peut-être la nécessité d'une tradition ou d'une transcription) la chose tout entière et en toute propriété (pour autant , bien en-tendu , que cela peut dépendre du vendeur), lorsque celui-ci veut en retenir une partie ou se réserver quelque droit, c'est, en quelque sorte, lui qui stipule et l'acheteur qui pro-met : ce dernier devient donc le débiteur, en faveur duquel, suivant la règle générale , il faut se décider dans le doute.

II. La tradition, à l'égard des immeubles , n'est plus au-jourd'hui autre chose que l'exécution de l'obligation de livrer ; ce n'est plus une circonstance ou une formalité desti-née à annoncer aux Tiers qu'un droit de propriété est trans-féré d'une personne à une autre.

Lorsque la tradition était considérée sous ce dernier rap-port, on a pu dire que la simple remise des titres de propriété, ou bien, à l'égard d'un bâtiment, celle des clefs, pourraient équivaloir à la mise en possession réelle; on a pu même admettre des traditions *de longue main*, et distinguer en général la tradition en *réelle* et *symbolique*.

En cela, on avait peut-être tort, mais au moins la chose était intelligible. Nous verrons ci-après comment, après avoir adopté la tradition *réelle* comme signe nécessaire des aliénations, on s'est aperçu qu'elle était impraticable en beaucoup de cas, et qu'elle remplissait mal le but, relativement à certains immeubles; nous verrons aussi comment, au lieu de chercher un meilleur moyen de publicité, on a dénaturé celui-là, en se contentant des traditions *symbolique* et de *longue main*.

Mais que peuvent aujourd'hui signifier ces mots de l'article 1605 : « La délivrance s'opère par la remise des titres » de propriété, ou bien s'il s'agit d'un bâtiment par la re-
» mise des clefs? »

Quoi! le vendeur sera dispensé de procurer à l'acheteur ce qu'on appelait anciennement *vacuam possessionem!* Son obligation de délivrer sera accomplie par cela seul, qu'il aura remis à l'acheteur des titres de propriété; et, quoiqu'une autre personne occupe le bâtiment vendu, il lui suffira d'en donner les clefs à l'acheteur! — Une pareille décision serait absurde. Elle est d'ailleurs contraire à toute la section relative à la *garantie*. — Qu'a donc voulu dire le législateur ?

III. A l'égard des meubles, la tradition est encore, comme nous l'expliquerons avec plus de détail dans l'Article VIII, le moyen de transformer en *jus in re*, le *jus ad rem* qui seul peut immédiatement résulter de la convention. — Mais dans l'art. 1606, s'agit-il de la *tradition* dans le sens que nous venons d'indiquer, ou bien, s'agit-il de l'accomplissement de l'obligation de livrer ?

Le premier alinéa de l'article 1606 peut être entendu, et se justifie dans les deux hypothèses.

A l'égard du second alinéa, je demanderai lequel des deux acheteurs successifs serait préféré : de celui à qui on a remis les clefs d'un bâtiment où se trouve la chose vendue, ou de celui qui, par le moyen de doubles clefs que le vendeur avait conservées, a été mis ou s'est mis le premier en possession réelle?

La question est décidée par l'article 1141 ; et il résulte évidemment de ce même article 1141, que l'article 1606 ne peut concerner que *l'accomplissement de l'obligation de livrer*. Mais alors comment concevoir ce que dit cet article : que, si le transport de la chose en la possession réelle de l'acheteur ne peut pas se faire à l'instant même de la Vente, ce transport (seul accomplissement véritable de l'obligation du vendeur) pourra être remplacé par le consentement des parties? Il faudra donc, en conséquence, que l'acheteur paie le prix sur-le-champ! Étant censé avoir obtenu la délivrance, il faudra donc qu'il tâche de se procurer par lui-même la chose dont une délivrance illusoire ne l'a point rendu possesseur? Cette délivrance libèrera donc le vendeur de tous soins à l'égard de la chose (art. 1137, 1137)? Et comment, dans ce système, le vendeur pourra-t-il jamais être en demeure (art. 1138)?

Je remarquerai, en finissant mes questions sur l'art. 1606, que la dernière partie de cet art., est claire, et se justifie dans les deux systèmes ; mais je ne vois pas pourquoi la même disposition (en ne la considérant d'ailleurs (1) ainsi qu'il convient de le faire, que comme une réponse à la question de savoir, *comment on doit remplir l'obligation de livrer*) ne s'appliquerait pas également aux *immeubles*.

IV. Lorsqu'un fonds a été vendu avec indication de la contenance, il faut examiner s'il a été vendu *à tant la mesure*, ou simplement *pour telle somme*, sans autre explication.

---

(1) C'est dans l'Article VI qu'il faudra examiner jusqu'à quel point elle pourrait se rapporter à la question de la *Perte* ou *Détérioration* de la chose vendue.

(*a*) Dans le premier cas, le législateur suppose que les parties ont entendu que le prix serait définitivement fixé en proportion de la contenance réelle ; de sorte que si cette contenance est supérieure, l'acheteur devra un supplément de prix ; et si elle est inférieure, il aura droit à une diminution. Cela n'est ainsi cependant qu'autant que la différence est au-dessous d'un vingtième ; dans le cas contraire, le législateur a pensé que l'acheteur (1) aurait pu ne pas acheter, s'il avait connu la véritable contenance, et, tout en considérant le Contrat comme nul pour cause d'erreur, il lui fait cependant produire cet effet (comme *Quasi-contrat, Délit ou Quasi-délit*) que l'acheteur peut, s'il lui plaît, exiger la chose : en fournissant un supplément proportionnel, dans le cas où la contenance est supérieure ; ou bien, dans le cas contraire, en faisant souffrir au vendeur une diminution également proportionnelle (2).

Tels sont au moins les principes qui paraissent résulter de la combinaison des articles 1617, 1618 et 1619 ; cependant, en argumentant de l'article 1636, et en outre de ce que l'article 1617 n'établit aucune distinction entre le cas où la différence est au-dessous du vingtième, et celui où elle l'égale ou l'excède ; on pourrait prétendre que dans

---

(1) Les lois ne viennent ici au secours que de l'acheteur ; le vendeur semble ne pouvoir être admis, dans aucun cas, à demander la nullité, pour erreur de contenance ; il demeure toujours présumable, en effet, qu'il a voulu vendre ce qu'il possédait ; cette intention est du moins tellement vraisemblable, que l'acheteur la supposera toujours ; et si, par extraordinaire, il était vrai qu'elle n'eût pas existé, le Contrat devrait encore valoir soit comme Quasi-contrat soit comme Quasi-délit le vendeur étant coupable d'une négligence grossière, pour n'avoir pas déclaré une intention si opposée à ce qui se passe communément.

(2) Il faut encore remarquer sur l'art. 1617, que le vendeur paraît être autorisé à se procurer ce qui manque à la contenance déclarée : pourrait-il non-seulement détacher, à cet effet, les portions de terre d'un fonds voisin qui lui appartient, mais encore, malgré l'art. 1599, les acquérir de quelque propriétaire voisin ?

tous les cas où la contenance est moindre, l'acheteur peut être admis à prouver qu'il n'aurait pas acheté s'il n'avait pensé que la contenance déclarée existait réellement. Seulement, je pense, par argument de l'art. 1618, qu'il lui suffit d'alléguer cette intention, lorsque la contenance est de plus d'un vingtième au-dessous de ce qui a été déclaré, et que dans le cas contraire, le doute sur son intention s'interpréterait contre lui.

(*b*) Dans le deuxième cas, le législateur présume que les parties n'ont pas entendu qu'une différence moindre d'un vingtième, soit en plus, soit en moins, donnât lieu à l'augmentation ou à la diminution du prix ; on déciderait donc contre celui qui n'a point déclaré une intention contraire, et je crois que l'acheteur ne pourrait pas se prévaloir, dans cette première hypothèse du deuxième cas, de la disposition générale de l'art. 1636.

Lorsqu'au contraire la différence est d'un vingtième ou plus, le législateur présume que les parties ont entendu qu'on se ferait raison de la différence, et même que l'acheteur serait admis à déclarer qu'il n'a entendu acheter que dans le cas où on lui livrerait exactement la contenance déclarée ; de sorte que l'acheteur doit avoir en conséquence la faculté, ou de faire déclarer le Contrat nul, ou de le faire exécuter (sauf augmentation ou diminution du prix) comme une sorte de Quasi-contrat ou de Quasi-délit. — Il faut cependant convenir que l'article 1620 ne paraît admettre cette présomption en faveur de l'acheteur, que lorsqu'il s'agit de contenance supérieure ; et que dans le cas contraire, il semble que l'acheteur n'a droit qu'à la réduction du prix. — Mais, l'argument de l'article 1636 ne peut-il pas alors être invoqué ? — Je crois, que comme dans le cas de l'article 1617, il y a lieu de décider cette question, par analogie avec la règle contenue dans l'article 1618.

V. Dans tous les cas où la supériorité de contenance donne à l'acheteur le droit de faire résilier le contrat, ne peut-il pas exiger seulement que le vendeur retranche du fonds ce qui excède la contenance déclarée ?

VI. Lorsque plusieurs fonds ont été vendus par le même acte, avec indication de la contenance totale, il est évident que c'est comme si l'on avait vendu un seul et même fonds.

Mais, lorsqu'on a indiqué la contenance de chacun, il paraît qu'il faut d'abord distinguer, comme on l'a fait à l'égard de la question traitée au N. IV :

S'ils ont été vendus à tant la mesure (*a*), ou bien s'ils ont été vendus autrement ;

Et, dans cette dernière hypothèse, si l'on a fixé un seul prix pour tous les fonds (*b*), ou bien un prix particulier pour chacun d'eux (*c*).

(*a*) Le Code ne paraît pas avoir statué sur le premier cas.

(*b*) L'art 1623 décide que lorsque deux (ou plusieurs) fonds ont été vendus pour un seul et même prix, on commencera par compenser ce qui se trouve, de contenance en plus d'une part, avec ce qui se trouve en moins d'autre part ; on appliquera ensuite. dit l'article, les règles précédemment établies. — Mais quelles sont ces règles? Je crois que ce sont celles de l'art. 1619.

(*c*) Le troisième cas n'est l'objet d'aucun article spécial ; mais n'est-il pas compris dans la disposition de l'art. 1619? Que signifieraient sans cela, dans cet article, les mots *soit qu'elle ait pour objet des fonds distincts et séparés?* et d'ailleurs, ce même article ne commence-t-il pas par les mots : *Dans tous les autres cas ?*

Je crois que l'art. 1619 est mal rédigé, et que l'intention du législateur a été d'y comprendre aussi bien le deuxième cas que le dernier, en régularisant, pour l'un comme pour l'autre, l'application de l'article 1619 (dans l'hypothèse où il y a eu des indications de contenance séparées pour chaque fonds), par le moyen d'une compensation préalable des différences en *plus* et en *moins*.

VI. Le Droit romain contient, relativement aux difficultés

qui sont l'objet des art. 1616, 1617, 1618, 1619, 1620, 1624, et par suite des art. 1621 et 1622, des décisions dont il est très-difficile de déduire les principes généraux qui peuvent avoir dirigé les jurisconsultes dont elles sont l'ouvrage. Nous nous contenterons de citer les *L. 45, 53, 59, § ult., de Evict.*, et *L. 13, eod.*; les *L. 4, § 1, 38 et 42, de Act. empt.*; et la *L. 40, pp. et § 2, de Cont. empt.*

ARTICLE SIXIÈME.

PREMIÈRE SECTION.

Principes du Droit romain.

I. Re nondùm secutâ, id est, neque soluto pretio, neque tradità re, emptio-venditio mutuo dissensu dissolvitur.

Inst. § 4, Quib. mod. toll. obl.; L. 2, de Resc. vend.

II. Si appareat quid *in specie* et *purè* venierit, statim rei periculum ad emptorem pertinet, sicut et illius commodum ;

L. 6 et L. 1, C. de Per. et com. rei vend. L. 8, ff. eod. L. 18 et L. 7; ff. eod.; L. 10, de Reg. jur.

(*a*) Quamvis sub lege metiendi fundus venditus sit;
L. 10, § 1, ff. de Per, et comm. rei vend.

(*b*) Nisi mora venditoris in traditione intercessit, aut dolo, vel etiam (quibusdam casibus exceptis) ejus culpâ, damnum in re vendità contingat.

L. 4, C. de Per. et com. rei vend.; L. 54, L. 36, de Act. empt. ; L. 35, § 4, de Contr. empt. Expl., L. 14, § 1, et L. 12, de Per. et com. rei vend.; L. 16 et L. 17, de Per. et com. rei vend.

III. Sed venditor, si quas actiones habeat adversus eo, qui damnum in re venditâ fecerunt, eas emptori præstare debet.

L. 13, § 3o, *de Act. empt.; L.* 35, § 4, *in fine, de Cont. empt.*

IV. In his quæ pondere, numero, mensurâve constant, periculum ad emptorem non alitèr pertinet quàm si admensa, adpensa, adnumeratave sint;

L. 35, § 5, *de Cont. empt.; L.* 1, § 1, *de Per. et com. rei vend.* (ubi pro CUSTODIAM legendum est PERICULUM).

(*a*) Nisi per aversionem res venierint, quo casu sunt emptoris periculo, exceptis tamen iisdem casibus qui suprà dicti sunt;

L. 35, § 6, et *L.* 62, § 2, *de Cont. empt.; L.* 1 et *L.* 15, *de Per. et com. rei vend.; L.* 4, § 2, *L.* 17, *de Per. et com. rei vend.; L.* 51, *de Act. empt.*

(*b*) Aut emptor in morà fuerit.

L. 5, *de Per. et com. rei vend.*

V. Jamjam diximus generalitèr venditionem veram non esse, si res venierit *ut degustaretur*, quia potest emptor ab emptione abire. Cæterum hic casus ad hunc Art. non pertinet, quemadmodum nec venditio *sub conditione* aut *alternatìm* facta.

DEUXIÈME SECTION.

Conférence avec le Droit français, et Question.

I. Il faut d'abord remarquer que relativement aux Contrats synallagmatiques, il y a deux manières de considérer

les Événemens qui font, en général, cesser les droits ou obligations ; savoir : 1° comme s'appliquant au Contrat tout entier, c'est-à-dire, aux obligations des deux parties en même
temps ; 2° comme s'appliquant seulement aux obligations de
l'une ou de l'autre partie.

Sauf le cas des clauses *accidentelles*, dont nous parlerons
dans notre dernier Article, je n'aperçois guère, à l'égard
du Contrat de *Vente*, que deux Événemens qui puissent
éteindre tout à la fois les obligations des deux parties, savoir :

1° Le consentement mutuel à l'effet de dissoudre le Contrat, c'est ce que les J. R. appelaient *mutuus dissensus* ;

Et 2°, la résolution du Contrat, pour cause d'inexécution
de la part de l'une des parties.

Ce qui m'empêche de joindre à ces deux Événemens, la
rescision pour cause d'*erreur* ou de *crainte*, de même que
la restitution en entier établie en faveur de quelques personnes, c'est que dans les divers cas où ces *rescisions* ou *resti-
tutions en entier* peuvent avoir lieu, on ne peut pas dire avec
exactitude qu'il ait existé un Contrat de *Vente*.

La résolution pour cause d'inexécution de la part de l'une
des parties des engagemens qu'elle avait contractés, appartient évidemment à notre Article VII ; nous n'avons donc à
parler ici que du *mutuus dissensus*.

II. Quelques jurisconsultes prétendent que ce mode d'ex-
tinction, qui en droit romain était applicable à la *Vente*
jusqu'à ce qu'il y eût eu tradition ou paiement, ne peut plus
être appliqué dans notre droit, au moins à l'égard des
Immeubles.

Ils se fondent sur ce que, chez nous, la propriété est
transférée à l'instant même de la convention, et sans qu'il
soit besoin de tradition ; or, dès qu'il est question de *jus in
re*, il devient impossible que le seul concours de volonté de
la part de l'individu à qui un pareil droit est transmis,
et de la part de celui qui l'avait auparavant, annule en-

tièrement une transmission en vertu de laquelle des tiers peuvent avoir acquis des droits que *l'annulation* du Contrat viendrait faire disparaître. On ne peut donc considérer alors la convention par laquelle on prétendrait résoudre la Vente, que comme une Vente nouvelle où celui qui était primitivement acheteur, est devenu vendeur, et *réciproquement*.

Il en est autrement, en règle générale, lorsqu'il s'agit du simple *jus ad rem ;* parce que ce droit n'intéresse que le créancier et le débiteur ; peu importe aux Tiers qu'on déclare un pareil droit éteint, ou qu'on le considère comme n'ayant jamais existé.

J'ai dit *en règle générale*, car il peut y avoir des exceptions, soit en cas de fraude, soit lorsque des Tiers avaient acquis quelque droit par une *saisie - opposition* ou par un *transport signifié* ou *duement accepté*, etc.

Cette opinion, relativement au *mutuus dissensus*, me paraît bien fondée ; mais je remarque qu'elle n'est applicable, qu'autant que le principe de la transmission de propriété par la seule convention, sera reconnu pour vrai ; or ce n'est que dans l'Article VIII que nous devons nous occuper de ce principe.

On objectera peut-être contre ce qui a été dit tout-à-l'heure relativement au *jus in re*, que la résolution pour cause d'inexécution, annule le Contrat comme s'il n'avait jamais existé, et que cependant cette résolution peut être considérée comme l'œuvre des deux parties.

Il faudrait, pour répondre à cette objection, entrer dans le développement de la fameuse règle : *Resoluto jure dantis resolvitur jus accipientis ;* et ces développemens me conduiraient beaucoup trop loin.

III. Par rapport aux obligations de chaque partie, considérées isolément, je ne vois point de difficulté sérieuse qui ait dû engager le législateur à faire relativement au Contrat de Vente, des dispositions *applicatives* des divers événemens qui éteignent les obligations ; et en effet, ni le droit romain ni notre code, ne se sont occupés de ces applications. Il est cependant un de ces événemens qui mérite une attention particulière ; c'est le *décès* de l'une ou de l'autre des parties, dans le cas où le défunt est représenté par deux ou plusieurs héritiers ; on peut en effet agiter les questions suivantes :

Qu'arrivera-t-il, soit par rapport à l'obligation de livrer la chose, soit par rapport à celle de la garantir, si le vendeur décédé a laissé plusieurs héritiers ?

Quid, par rapport à l'obligation de payer le prix, dans le cas où c'est l'acheteur qui est mort laissant également plusieurs héritiers ?

Ces questions doivent se résoudre par les principes généraux établis au titre *des Contrats ou Obligations conventionnels en général*, chapitre des *Obligations divisibles ou indivisibles ;* mais rien de plus obscur que ces mêmes principes, et l'on ne s'attend pas sans doute que nous entreprenions de les expliquer ici.

IV. Le législateur se contente de déclarer, dans l'article 1624, que la question de savoir sur lequel, du vendeur ou de l'acheteur, doit tomber la Perte ou la Détérioration de la chose vendue, sera jugée d'après les règles générales prescrites au même titre *des Contrats ou Obligations conventionnelles ;* cependant quelques-unes des données nécessaires pour faire l'application au Contrat de *Vente,* de ces mêmes règles générales, se trouvent dans les art. 1583, 1585 et 1566 ; 1614, § 2 ; 1631, 1632, 1637, et 1647.

La plupart de ces articles pourraient donner lieu à des questions importantes, que la briéveté du temps accordé pour la composition de ces Thèses, ne nous permet pas même d'indiquer.

VI. Le cas de la *faillite* de l'acheteur se trouve prévu dans l'article 1613 ; le même article parle aussi de la *déconfiture ;*

mais d'après quelles circonstances présume-t-on aujourd'hui la *déconfiture ?*

VII. Dans les articles 1622 et 1648, le législateur établit (directement ou en consacrant certains usages) des *prescriptions* particulières relativement à quelques droits, soit de l'acheteur, soit du vendeur. — Suivant l'article 1622, l'action du vendeur en supplément de prix dans le cas où il y a excès de contenance, et celle de l'acheteur en diminution de prix dans le cas contraire, de même que l'action de ce dernier en résiliation de la Vente (soit dans un cas soit dans l'autre), se prescrivent par un an, à partir du jour du Contrat. Je pense que nos législateurs ont entendu accorder une année *utile*, comme avaient fait les législateurs romains dans le cas de l'action *Quanti minoris* pour vices redhibitoires. V. *L.* 19, §*final.* et *L.* 55, *de Ædit. edict.*

ARTICLE SEPTIÈME

PREMIÈRE SECTION.

Principes du Droit romain.

I. (*a*) Integrum emptore non solvente pretium, res vendita quasi pignoris jure tenetur.

L. 13, § 8, *de Act. empt.*; *L.* 31, § 8, *de Ædil. edict.*; et Arg. *Leg.* 22, *de Hær. et act. vend.*

(*b*) Et quidem illud prætereà notandum est, rem venditam non aliter accipientis fieri, quam si, aut pretium solutum sit, aut satis eo nomine factum, aut etiam sine ullà satisfactione fides emptori habita sit.

L. 19, *de Cont. empt.*; confirm. *L.* 53, *eod.*; *L.* 38, § 2, *de Lib. caus.*; *L.* 1 et *L.* 9, *C. Si quis alt. vel sib.* Obst. vident. *L.* 8, *C. de Cont. empt.*; *L.* 14, *C. de Resc. vend.*; et prætereà *L.* 6, *C. de Pact. int. empt. et vend. comp.*, et totus titulus *de Lege com.*

II. Cùm contractus emptionis sit *commutativus*, generalitèr qui *ex empto* vel *ex vendito* agit, contractum ex
suâ parte esse adimpletum probare, aut illius implemen-
tum offerre debet.

L. 13, § 8, *de Act. empt.*, et maximè attendenda
L. 50, *eod.*; *L.* 25, *de Act. empt.*; *L.* 59, *de Ædil.
edict.*

III. Duo præsertim actiones ex contractu emptionis-
venditionis nascuntur, scilicet : actio *empti*, quæ emptori, et actio *venditi*, quæ venditori, datur.

L. 11, *de Act. empt.*, et *L.* 13, § 19, *eod.*

(*a*) Quæ quidem, cùm sint bonæ fidei, maximam ex-
tensionem accipiunt : ut potè quibus agi potest, non tantùm ut ea omnia præstentur quæ contractui rectè inito
naturalitèr insunt aut pacto adjici possunt, sed etiam,
sive ad resolvendum contractum (ut quibusdam casibus
licet), sivè ut rescindatur vel pro nullo habeatur aliquo
infectus vitio, necnon insuper, ut (quod actum est, pro
Delicto aut Quasi delicto aut saltem Quasi-contractu,
habito) quædam præstentur, et quidem aliquando eadem
quæ ex contractu venirent.

L. 16, *de In diem add.*; *L.* 4, *de Leg. comm.*; *L.* 2,
L. 3, *C. de Pact. inter empt. et vend. comp.*; *L.* 5,
§ 2; *L.* 68, *de Cont. empt.*; *L.* 1, § 1, *de Act. empt.*;
L. 13, § 27 *et* 28 *de Act. empt.*

IV. Obligatio venditoris ut præstet *emptori rem habere
licere*, duobus sæpissimè confirmatur actionibus, scilicet :
actione *empti*, et actione *ex stipulatu* (si cautio duplæ
interposita sit), quæ quidem actiones multùm differunt.

L. 71, *de Evict.*; *L.* 11, § 14, *de Act. empt.*; *L.* 6,
C. de Evict.

V. Actio enìm *ex empto* non competit ultrà id quod interest ; et ideò si fundus sit major cum evincitur, major erit condemnatio, si verò minor inveniatur, minor etiam erit condemnatio.

L. 8 , *de Evict.*; Cui obst. tamen videntur *L.* 2 , *L.* 13 , et *L.* 37, § 2, *de Evic.*

VI. *Ex stipulatu* verò, sivè minor sivè major res probetur, semper eadem erit condemnatio.

L. 64, *de Evict.*

(*a*) Undè quod accessit alluvione, *ex stipulatu* non præstat venditor.

L. 64, § 1, *de Evict.* Vide tamen *L.* 15, *eod.*

VII. (*a*) Prætereà, ut *ex empto* agatur, sufficit ut rem emptori, ex causâ venditionis, habere non liceat ;

L. 4 *de Act. empt.* , *L.* 30, § 1 , *L.* 35 *eod.*

(*b*) Sed ut committatur evictionis stipulatio, opportet rem propriè *evictam* fuisse.

L. 3 , *C. de Evict.*

VIII. *Evictio* autem definitur *Possessionis ablatio per sententiam judicis;* generaliùs fortè dici potest, rem evictam videri, si quocumque judicii genere effectum sit quominùs emptori rem habere liceat, ac ejus recuperandæ spes omnis præcisa appareat.

L. 16, § 1 , *de Evict.*

(*a*) Ergo ante traditionem non potest committi *de evictione* stipulatio.

Arg. *L.* 62 *de Evict.*

IX. Competit actio *ex stipulatu*, emptori ejusve titulo universali successoribus, sed non successori singulari nisi cessæ ei sint actiones.

L. 59, *de Evict.*

(*a*) Committitur tamen *evictionis* stipulatio non tantùm cùm res ipsi emptori evincitur aut illius hæredibus, sed etiam quùm evincitur ei cui rem non evinci emptoris interest.

L. 22, § 1; *L.* 41, § 2, *de Evict.*

X. Evictà tantùm rei parte, regressus etiam datur.
L. 1, *L.* 13, *de Evict.*; Vide tamen *L.* 56, § 2, et *L.* 72, *de Evict.*

(*a*) Datur pro quantitate partis evictæ, si pars indivisa; vel pro bonitate loci, si locus certus evincatur.
Dict. L 1, *L.* 64, § 3, *L.* 13, et 14, *de Evict.*

(*b*) Datur etiam evicto usufructu, vel servitute quam venditor accessuram nominatìm dixerat.
L. 15, § 1; *L.* 62, § 2; *L.* 39, § 5, et *L.* 75, *de Evict.*

(*c*) Non autem datur *ex stipulatu* actio, si rei pars *heterogenea* evincatur ;
L. 42, *L.* 43, *de Evict.* Vide etiam *L.* 36, *eod.*

(*d*) Quod aliter se habet in actione *ex empto*.
L. 8, *de Evict.*

XI. Cessat actio de *evictione*, 1° si post contractum causa evictionis emerserit, 2° cùm per imprudentiam vel errorem judicis facta est evictio, 3° si res perierit casu fortuito, 4° si emptoris dolo, aut culpâ, aut etiam facto licito, evenerit ut ei possessio ablata sit; quod illud continet casum quo admonitus à venditore ut certà ageret actione ad rem amissam recuperandam , emptor id facere cessavit, vel quo rei vindicationem non denuntiavit auctori qui potuisset eam repellere.

L. 3 , *L.* 5i , *L.* 21 , *pp. L.* 76 ; *L.* 34 , *L.* 66 , *de Evict.*; *L.* 8 , *C. eod.*

XII. Nihil refert quanto demùm post contractum tempore res evicta sit.

L. 21 , *C. de Evict.*

XIII. Ex ædilitio Edicto duæ actiones descendunt : *redhibitoria* quæ totam emptionem rescindit , et *æstimatoria* aut *quanti minoris* , ex quà emptor partem tantùm pretii vel condicit , vel non solvere obtinet.

L. 31 , § 16 ; *L.* 43 , § 6 ; *L.* 1 , § 1 , *de Ædil. edict.* ; *L.* 63 , *L.* 48 , § 6 , *eod.* Vide except. in *L.* 48 , § 8 , *eod.*

XIV. Factà redhibitione, omnia in integrum restitui opportet perindè ac si emptio-venditio non intercesserit.

L. 21 , *L.* 23 , § 7 ; *L.* 60 , *de Ædil. edict.*

XV. Actio *redhibitoria* sex menses utiles habet, et *æstimatoria* , annum utilem.

L. 17 , § *fin.* ; *L.* 55 , *de Ædil. edict.* ; *L.* 2 , *C. de Ædil. act.*

DEUXIÈME SECTION.

Conférence avec le Droit français , et Questions.

I. Chez nous, la loi ne prescrit pour les actions, aucunes formules particulières ; nous ne connaissons d'ailleurs , au moins dans les matières civiles, rien qui ressemble à la distinction qui existait à Rome entre le Préteur et les Juges. Les magistrats sont appelés aujourd'hui à décider également le point de droit et le point de fait ; lorsqu'une contestation est portée en justice, les conclusions du demandeur déterminent seules la limite que les Juges ne peuvent pas dépasser dans les condamnations qu'ils prononcent ; et le défendeur est admis à proposer tous les moyens qui peuvent lui appartenir , sans avoir besoin qu'aucun magistrat lui accorde des *exceptions* ou régularise ses *défenses*. Il ne s'agit donc plus maintenant, à l'occasion d'un *Contrat nommé*, de rechercher la formule et les caractères particuliers de l'*action*, ou des *actions* (1) que ce Contrat peut engendrer ; il ne s'agit plus, d'examiner les *exceptions* que la loi ou quelque magistrat peuvent avoir introduites pour repousser telle ou telle *action*. — Mais il reste toujours à examiner quelles sont les diverses demandes auxquelles le Contrat dont il s'agit, peut donner naissance ; ou , en d'autres termes, quels sont les divers moyens de *sanction* que le législateur a admis pour assurer l'accomplissement de ce Contrat, ou pour réparer le tort causé par sa violation.

Nous commencerons par indiquer les *mesures conservatoires* auxquelles le Contrat de Vente peut donner lieu.

II. D'abord, les deux parties trouvent une garantie réciproque dans le droit qu'a chacune d'elle, de ne remplir son obligation qu'au moment où l'autre partie exécute également la sienne.

Mais lorsque le vendeur livre la chose sans que le prix lui ait été payé, soit qu'il y ait eu terme accordé par le Contrat, soit que le vendeur ait imprudemment délivré la

---

(1) On pourrait objecter ici que les poursuites auxquelles la violation de certains Contrats peut donner naissance, sont quelquefois soumises à des règles spéciales de procédure , et l'on citerait le cas du *Divorce ;* mais on peut répondre que le *Mariage* , auquel le *Divorce* se rapporte, est un Contrat tout particulier, de sorte que ce qui peut être établi à son égard, n'empêche pas que la règle que nous avons ci-dessus énoncée, ne soit admise comme règle générale pour les Contrats *ordinaires*.

chose, conservera-t-il cependant pour sa sûreté, quelque droit sur elle, jusqu'au moment où le prix lui sera payé?

Quelques jurisconsultes prétendent que le vendeur non payé peut faire résoudre la Vente, et que cette résolution aura pour effet de remettre les choses au même état que si la Vente n'avait jamais existé, et cela quand même des tiers auraient acquis quelque droit sur la chose du chef de l'acheteur. Il est évident que c'est comme si l'on disait que jusqu'au paiement (même lorsqu'il a été accordé terme) le vendeur conserve la propriété (1) de la chose vendue. Ces jurisconsultes se fondent principalement sur l'art. 1184.

Mais ne peut-on pas dire qu'un pareil système est absolument contraire à l'esprit des articles 2103, 2108 et 2113? Et ne doit-on pas considérer les droits de *privilége* ou d'*hypothèque*, que ces articles accordent au vendeur non payé, comme la seule mais suffisante garantie qu'on ait dû lui donner ?

III. L'Article 1653 accorde à l'acheteur, même après que la tradition lui a été faite, le droit de suspendre le paiement du prix, s'il a juste sujet de craindre d'être troublé ; mais cet article ajoute : *si mieux n'aime le vendeur donner caution.*

IV. C'est un remède qui s'offre tout naturellement dans les Contrats synallagmatiques-commutatifs, que de permettre à la partie envers laquelle les obligations qui naissent du Contrat n'ont point été remplies, de faire résilier ce même Contrat. Notre Code civil consacre, à diverses reprises, cette faculté, soit en faveur du vendeur, soit en faveur de l'acheteur. Voyez notamment les art. 1610, 1618, 1629. — Mais quel sera l'effet de cette résolution du Contrat? Détruira-t-elle

---

(1) Il ne la conserve pas, au moins, par rapport à la question de savoir, sur qui tombe la Perte ou la Détérioration de la chose, art. 1138.

tous les droits que l'acheteur a pu conférer soit en vendant la chose soit en l'hypothéquant ?

Cette question se rattache à une question plus générale, celle de savoir, quels sont les effets des diverses actions résolutoires.

V. Dans notre droit, nous ne connaissons pas la nécessité de la stipulation qui engendrait, en droit romain, l'action *ex stipulatu de evictione;* s'il intervenait, sur la garantie, une convention par laquelle les parties sembleraient avoir voulu restreindre ou augmenter les effets de la garantie naturelle au Contrat (auquel on se référerait dans le doute), ce serait une clause accidentelle et *innommée*, pour l'interprétation de laquelle le Juge doit avant tout, se bien pénétrer de l'intention des parties. — Il faut donc plutôt chercher les principes de notre droit, dans ce que les Romains décidaient pour la simple action *ex empto*, que dans ce qu'ils avaient établi pour l'action *ex stipulatu* (1).

ARTICLE HUITIÈME.

PREMIÈRE SECTION.

Principes du Droit romain.

I. (*a*) Sola venditio dominium non transfert, etiamsi res sit venditoris.

L. 20 *, C. de Pact. ; L.* 15 *et L.* 27*, de Rei vind.*

(*b*) Sed causam præbet *traditioni* ut hæc dominium transferre possit.

L. 31*, ff. de Adq. rer. dom.*

------

(1) Voyez ce que nous avons dit, dans notre *Essai,* sur la division des Contrats, en Contrats de *bonne-foi* et Contrats de *droit strict.*

(*c*) Item justus est titulus ad *usucapiendum* vel *longo tempore præscribendum.*

L. 4, C. de Usuc. pro empt.; et arg. L. 2, pp. et § 7, et L. 11. ff. Pro empt.; et L. 9, C. de Præsc. long. temp.

(*d*) Sunt tamen quidam casus ubi sola venditio dominium transfert, de quibus vide notas Gothofredi ad L. 15, C. de Rei vind.

II. (*a*) Ne secutà quidem *traditione* vel *usucapione propriè dictà*, creditores jus pignoris aut hypothecæ amittunt.

L. 14 et L. 15, C. de Pign. et hyp.; L. 44, § 5, de Usurp. et usuc.

(*b*) Possessor, aut pecuniam solvere, aut rem restituere tenetur, et si neutrum faciat, condemnatio sequetur.

L. 16, § 3, ff. de Pign. et hyp.

(*c*) Potest autem emptor desiderare ut priùs debitor personalis conveniatur, nec ad ipsum revertatur nisi discussis debitoris facultatibus.

Nov. 4, cap. 1.

III. Sed creditoribus *Præscriptio longi temporis* nocet.

L. 1 et 2, C. Si adv. cred. præsc.; L. 7, pp. et § 1, C. de Præsc. 30 vel 40; L. 12, ff. de Div. temp. præsc.

DEUXIÈME SECTION.

Conférence avec le Droit français, et Questions.

I. La nécessité que le public soit averti des mutations qui s'opèrent à l'égard du *droit de propriété* ou de ses *démembremens*, a été sentie de tout temps d'une manière plus ou moins confuse. — Les législateurs ont cru devoir faire dépendre l'effet des actes qui tendent à transporter quelque *droit absolu* (*jus in re*) d'une personne à une autre , de l'accomplissement de certaines formalités , par lesquelles le public puisse être instruit du transport (1).

À l'égard des meubles , la *tradition* ou *mise en possession réelle* de la chose , s'est naturellement offerte comme le meilleur , et peut-être l'unique moyen , que l'on pût raisonnablement employer.

Quant aux immeubles , à une époque où les propriétés étaient très-divisées , et où chaque citoyen exploitait par lui-même le fonds et habitait la maison qui lui appartenaient , les législateurs ont pu considérer également la *tradition ou mise en possession réelle* , comme un signe auquel on pourrait reconnaître les individus qui avaient des droits sur ces sortes de choses.

Il fut donc établi , en principe général , que la *propriété* ou ses *démembremens* ne seraient transférés d'une personne à une autre , qu'au moment où la *tradition* ou *mise en possession réelle* , aurait eu lieu.

Mais on s'aperçut bientôt des inconvéniens que ce système pouvait offrir , soit à l'égard de quelques espèces d'immeubles , soit même à l'égard de tous lorsqu'il s'agit de certains démembremens de la propriété (2).

---

(1) Quelques jurisconsultes ont cru, qu'il était nécessaire ou que du moins il serait utile d'appliquer les mêmes mesures à certains *droits relatifs*, notamment aux créances hypothécaires. C'est dans ce point de-vue qu'on avait admis autrefois les *sous-ordres* en matière d'hypothèque ; c'est aussi d'après cette idée que certaines personnes voudraient aujourd'hui établir un rang entre les cessionnaires de l'hypothèque légale de la femme mariée d'après la date des *inscriptions de subrogation*.

(2) Il en présente bien aussi quelques-uns à l'égard des meubles (par exemple, si une chose est prêtée, ou déposée, ou donnée en gage, qu'est-ce qui empêche le détenteur précaire de se faire passer pour véritable propriétaire?) Mais je n'y aperçois pas de remède. L'importance de cette espèce de propriété étant beaucoup moindre que celle des immeubles, le législateur a moins senti le besoin de rechercher pour eux un autre système de publicité.

Au lieu d'imaginer un système meilleur, les jurisconsultes romains modifièrent, et, si je puis ainsi m'exprimer. défigurèrent complètement celui de la *tradition*.

On décida d'abord que le droit d'*hypothèque* pourrait s'établir par la convention seule, et même par un simple *Pacte*; on reconnut ensuite pour équivalent de la tradition *réelle* (1), des traditions *symboliques* et des traditions *de longue main*, ou même des traditions *purement consensuelles* (V. art. 1602 de notre Code civil et *L. 28, C. de Don.*).

Justinien, en exigeant l'*insinuation* des donations entrevifs, était sur la voie qui aurait dû le conduire à la seule institution propre à remplir le but pour lequel la *tradition* avait été établie. Il ne s'en aperçut pas, car il continua d'exiger la *tradition*, même pour les donations qui avaient été insinuées.

Dans quelques parties de la France (qu'on appelait les pays de nantissement) et dans plusieurs autres pays de l'Europe, le système de publicité par le moyen des *transcriptions* ou *inscriptions* sur des registres publics, s'établit peu à peu et d'une manière plus ou moins parfaite.

La loi du 11 brumaire vint rendre ce système de pu-

-----

(1) D'un autre côté cependant, le désir de trouver des *traditions* dans tous les cas où les particuliers pouvaient se transmettre l'un à l'autre quelque droit *absolu*, a fait imaginer les traditions *feintes*, pour le cas où, la chose se trouvant déjà en la possession précaire, à la vérité de celui à qui l'on voulait accorder un droit *absolu*, il était impossible d'opérer à son égard une tradition réelle. De sorte que, dans une hypothèse où la convention venait faire disparaître les inconveniens attachés aux possessions précaires, on a cru qu'elle avait besoin de complément, à la vérité, celui qu'on a imaginé est une fiction; on a donné un nom au néant, et c'est ce néant qu'on exige, sous le nom de tradition *fictive*, tandis qu'on la dispensait au contraire de tout complément, ou que du moins on n'en exigeait que d'illusoires, dans certains cas où elle tend à produire un effet dont les tiers ont le plus grand besoin d'être avertis; par exemple, dans le cas de l'*hypothèque* et des *servitudes non apparentes*.

blicité général pour toute la France , mais elle négligea quelques mesures qui auraient été nécessaires pour que ses avantages fussent bien sentis ; elle en introduisit d'autres qui surchargèrent la loi de formalités inutiles et même dangereuses ; la fiscalité vint en outre s'emparer de cette institution ; de sorte qu'au moment de la rédaction de notre Code civil, les jurisconsultes, et notamment les membres du Conseïl d'État, se trouvèrent divisés sur les avantages du nouveau système ; et après de longues discussions , au lieu de le perfectionner, on fit un malheureux mélange du système ancien avec le nouveau.

C'est là ce qui a fait , du titre *des hypothèques* dans notre Code civil, l'un des titres le plus mal rédigés de ce Code, et celui , à coup sûr , qui présente le plus grand nombre de difficultés sérieuses et peut-être insolubles.

Nous ne devons ici nous attacher qu'à ce qui concerne notre matière , et nous allons d'abord examiner la question de savoir si le Contrat de Vente (à l'égard des immeubles) tranfère la propriété sans le secours d'aucun autre événement, c'est-à-dire sans qu'il y ait, ni la *tradition* exigée par le droit romain, ni la *transcription* exigée par la loi du 11 brumaire.

Avant la publication du Code de procédure, la question était fortement controversée; je l'ai traitée très-longuement dans un article qui fut inséré en 1812 dans la *Bibliothèque du Barreau ;* je ne répéterai point ici ce que j'ai écrit à cette époque. D'après les données législatives qui existaient alors, j'ai pensé que la question devait se résoudre en faveur de la *transcription*. — Mais , l'article 834 du Code de procédure et le discours de l'orateur du gouvernement sur ce même article , sont venus nous offrir de nouvelles données ; voyons quelles conséquences on peut tirer et de cet article et de ce discours.

L'article 834 est ainsi conçu :

« Les créanciers, etc.

Il est évident. 1° que le législateur a attaché la même idée à ce mot : *aliénations* dans la 3ᵉ ligne, qu'à ceux-ci : *actes translatifs de propriété* dans l'avant-dernière ; 2° que le législateur a pensé qu'il pourrait s'écouler un délai entre l'*aliénation* ou l'*acte translatif de propriété*, et la *transcription* de cet acte ; 3° que le Code n'a voulu venir au secours que des créanciers qui auraient pu faire inscrire leurs titres avant l'acte translatif de propriété, et qui ne l'ont pas fait ; 4° que par conséquent il a supposé que ceux qui ne sont devenus créanciers que depuis cet acte, étaient dans une position différente qui ne méritait pas la faveur qu'il entendait accorder aux autres.

Or, quelle serait cette différence de position, diront ceux qui soutiennent que la *vente* n'a plus besoin d'être transcrite, si l'on admettait que l'*aliénation* (en d'autres termes l'*acte translatif de propriété*) ne dessaisit pas le vendeur ? et pourquoi les créanciers postérieurs à cet acte n'auraient-ils pas, comme ceux qui lui sont antérieurs, le droit de requérir la mise aux enchères ?

Il me semble qu'on peut répondre :

1° Que la position des créanciers qui sont antérieurs à la *Vente*, diffère de celle des créanciers qui lui sont postérieurs, en ce que l'on peut soupçonner les créances de ces derniers, de n'être pas sincères ;

2° Que lorsqu'il s'est agi d'accorder la faveur de s'inscrire encore après la transcription (à l'effet d'acquérir au moins la faculté de surenchérir), on a bien pu refuser à ceux qui ont contracté depuis la *Vente* (et qui peut-être sont les complices du vendeur), une faveur qu'on voulait bien accorder aux autres.

3° Que c'était bien assez, que les premiers pussent imposer à l'acquéreur le désagrément d'une surenchère, lorsqu'ils ont été plus diligens que lui dans l'accomplissement des mesures de publicité que la loi exige ; sans qu'on leur accordât la faveur (1) d'une dérogation au principe qui veut qu'à

<hr>

(1) Nous n'entendons point, au surplus, approuver cette faveur; et

dater de la *transcription*, l'immeuble ne puisse plus être grevé par le vendeur, et soit de ce chef à l'abri de toutes poursuites pour des droits qui n'auraient pas été rendus publics auparavant.

Ces raisonnemens nous déterminent à persister dans l'opinion que nous avions émise avant le Code de procédure.

Cependant, il faut convenir que l'orateur du gouvernement a clairement annoncé une opinion différente et qu'il a même fait entendre que l'article 834 n'avait eu d'autre but que de résoudre, en faveur de cette opinion, les doutes qui s'étaient élevés depuis le Code civil.

Mais il reste à savoir quel degré d'autorité on doit accorder à des discours qui, peut-être, n'exprimaient pas même l'opinion du Corps qui avait alors l'initiative des lois, et qui certainement n'empêchaient pas le Corps législatif d'adopter une disposition légale, dans un autre sens, ou par un autre motif, que ceux qui avaient été indiqués par l'orateur du Gouvernement.

II. Nous avons eu déjà l'occasion de faire connaître les principes du D. F., par rapport à l'aliénation des choses mobilières ; nous avons vu que pour ces sortes de choses, *Possession vaut titre ;* mais le législateur n'a peut-être pas assez pesé les mots dont il s'est servi dans l'art. 2279. En effet, on appelait *titre* anciennement, un acte qui fesait naître seulement le *jus ad rem* (droit relatif). Si la *possession* ne vaut que *titre*, celui qui a un titre et à qui l'on fait la tradition, ne sera donc pas plus avancé qu'auparavant? Le contraire est formellement décidé par l'article 1141. Je crois qu'il faut entendre l'article 2279, dans ce sens, que celui qui possède n'a pas besoin de justifier de son titre,

---

nous ne pensons pas qu'il faille, comme l'ont prétendu quelques jurisconsultes, l'étendre encore, en décidant que si l'acheteur ne notifie pas son contrat, les créanciers que l'art. 834 a eu en vue, auront comme les autres, le *droit de suite*, et pourront en conséquence invoquer l'art. 2167.

et que c'est toujours à celui qui l'attaque à prouver la cause en vertu de laquelle le posesseur pourrait être obligé à restituer la chose.

On voit en outre, par la deuxième partie de ce même article, que la *revendication* n'est admise chez nous, que dans le cas où il s'agit de choses volées ou perdues : ce second alinéa fixe le sens du premier.

III. L'article 2180, septième alinéa, décide que dans le cas où la *prescription* suppose un titre, elle ne peut commencer à courir que du jour où le titre a été transcrit. cette décision est-elle applicable non-seulement au cas où il s'agit de prescrire contre des créanciers du vendeur, mais aussi au cas où l'on prescrit contre le véritable propriétaire dont la chose a été vendue et livrée sans son consentement?

On peut dire qu'il y a cette différence entre le propriétaire de la chose et les simples créanciers hypothécaires, que le premier doit savoir qu'il ne possède pas, tandis que les créanciers peuvent facilement ignorer que la chose n'est plus en la possession de leur débiteur.

Les *clauses* ou *pactes* qui introduisent dans un *Contrat nommé*, ce qu'on appelle des *choses accidentelles*, faisant disparaître, au moins en partie, ce qui est de la *nature* de ce Contrat; on peut dire, en appliquant cette observation au *Contrat de Vente*, qu'il n'y a plus de *Vente proprement dite*, lorsque de pareilles *clauses* se trouvent dans la convention à laquelle les parties ont cependant donné le nom de *Vente*.

La matière qui m'est échue au sort, n'étant déjà que trop étendue, je ne puis croire qu'il ait été dans l'intention de Messieurs les Juges du concours, d'y comprendre autre chose que ce qui en fait rigoureusement (c'est-à-dire *essentiellement* et *naturellement*) partie.

Je m'abstiendrai donc de parler ici des considérations qui, dans un Traité *ex-professo* sur la *Vente*, devraient être l'objet d'un neuvième Article et d'un Appendice, conformément à nos *Observations préliminaires* ; voyez ci-dessus, pages 1 , 2 et 3.

FIN.